Samuel Awadhifo Ayibho

Théologie et philosophie.Possibilité de métathéologie

Samuel Awadhifo Ayibho

Théologie et philosophie.Possibilité de métathéologie

Avec Hegel, Feuerbach et Spinoza

Éditions Croix du Salut

Imprint

Cover image: www.ingimage.com

Publisher:
Éditions Croix du Salut
is a trademark of
Dodo Books Indian Ocean Ltd., member of the OmniScriptum S.R.L Publishing group
str. A.Russo 15, of. 61, Chisinau-2068, Republic of Moldova Europe
Printed at: see last page
ISBN: 978-620-3-84314-9

EPIGRAPHE

« *Redde Caesari quae sunt Caesaris et quae sunt Dei Deo* [Rendez à César ce qui est à César, et à Dieu ce qui est à Dieu]».

Jésus Christ de Nazareth.

IN MEMORIAM

Nous dédions ce livre à nos deux grands frères aînés et Père Révérend Pasteur Jackson Ayibho tous décédés.

Remerciements

Nos remerciements au Dieu Adonai(Créateur), pour le souffle de vie grâce à l'amour de Seigneur Jésus Christ. Merci pour toute la famille biologique et scientifique. Nous remercions les croyants de toutes religions confondues dans le monde.

Merci nos lecteurs qui vont s'inspirer de ce livre dans le monde.

Samuel AWADHIFO Ayibho
+243822619526
samyawadhifo@gmail.com

INTRODUCTION GENERALE

Il est question dans cette dissertation de présenter la relation entre théologie et philosophie relativement au discours sur Dieu en suivant la perspective de Hegel, Feuerbach et Spinoza. D'où une possibilité d'existence de la métathéologie.

En effet, la théologie est appelée à être complétée par des connaissances théologiques pour la meilleure interprétation d'une doctrine religieuse. Il en est de même avec le verbe de Dieu[1]. Dans cette perspective, c'est quelle philosophie qui peut servir la théologie ? Nous analysons pour la meilleure compréhension dans une métaconnaissance.

La réflexion hégélienne a eu d'influence sur la théologie et philosophie[2]. En effet, nous devons dans cette perspective souligner l'apport non négligeable de Hegel pour comprendre la théologie, il en est de même avec la philosophie. Le système hégélien porte des références pour les réflexions théologiques et philosophiques en tout évidence. Hegel est une figure importante en théologie et philosophie, l'idéaliste allemand transcende les réflexions pour nous déduire l'essentiel.

La question de la nécessité de Dieu montre l'aporie théologique fondamentale d'un parler chrétien de Dieu, il s'agit de : discours sur la mort de Dieu considéré à juste titre comme expression de l'aporie de l'idée moderne de Dieu; la possibilité de philosopher sur les pensées relatives à Dieu ; la possibilité de dire Dieu; enfin l'idée de l'humanité de Dieu[3]. Le système hégélien est un héritage philosophique où les différentes réflexions philosophiques ne cessent d'y trouver l'inspiration. Nous en trouvons plus au *logos* [discours] sur Dieu.

Hegel est le philosophe qui a mis en valeur dans la philosophie le discours sur la mort de Dieu. Ce faisant, il possédait abondamment conscience d'utiliser une expression théologique. De fait, l'utilisation strictement anti-chrétien de la parole «Dieu est mort» eût été à peine pensable sans la médiation de Hegel entre le sens christologique originel de cette parole et

---

[1] S.AWADHIFO AYIBHO, Le judaïsme : point de départ du christianisme chez Hegel et Feuerbach. Evangile contre le neopaganisme, Éditions Croix du Salut, le 19 juillet 2021, p.5.

[2] Cf. P. SAOUL, « Amour et croix chez Hegel », *In* : *Revue philosophique de France et de l'Etranger*, Tome 188, Numéro 1, (Janvier) Mars, 1998 p.71. A ce sujet lire aussi, E. JÜNGEL ; Dieu, mystère du monde ; (Trad. H. HOMBOUR), Paris, Cerf, 1983, p. 96.

[3] Cf. E. BRITO, « La mort de Dieu selon Hegel. L'interprétation d'Eberhard Jüngel », *In* : *Revue Théologique de Louvain*, 17ᵉannée, 3, 1986, p.293-294.Nous devons savoir que Dieu ne dépend pas d'une personne, il est suffisant. Il se suffit en soit, déférent d'un homme qui a besoin du transcendant pour comprendre l'univers mystérieux. S.AWADHIFO AYIBHO, Le judaïsme : point de départ du christianisme chez Hegel et Feuerbach. Evangile contre le neopaganisme, p.5.

la possibilité d' en faire lecture de sentiment athée de «la nouvelle époque»[4]. A part Hegel, il existe également un nombre des philosophes qui ont tenté déterminer la relation entre la philosophie et la théologie.

Feuerbach est aussi parmi ceux qui ont cherché d'interpréter la relation existante entre la théologie et la philosophie. Ce théologien-philosophe nous montre, dans l'histoire de la philosophie, une perspective de non-retour : après lui, il y'a impossibilité d'en revenir à la synthèse hégélienne, dernier référence idéologique pour réunir un ensemble d'éléments en contradiction dont l'unité s'avérera bien vite trompeuse. Il existe également impossibilité de ne point réévaluer de manière critique la consistance épistémologique d'un discours de l'homme prétendant dire « Dieu » ; en résumé, Feuerbach inaugure en philosophie le progrès historique de dislocation du système hégélien comme héritage[5].

Si Hegel et Feuerbach se sont donné la tâche de faire le parallélisme entre la théologie et la philosophie, nous devons reconnaitre volontiers qu'ils ne sont pas les seules philosophes de philosopher dans cette perspective. En effet Spinoza s'est consacré également pour étudier la théologie et les théologiens de son temps.

Spinoza s'est intéressé à interpréter le sens de théologie relativement à son discours sur Dieu. Déjà dans son Apologie qu'il a composée pendant son excommunication. Il n'était pas à faveur de ce qu'il a appelé préjugés théologiques[6]. Spinoza s'est efforcé à comprendre l'interprétation des discours sur Dieu tant en théologie qu'en philosophie.

La personne de Hegel comme penseur théologique est une question qui suscite des controverses, depuis longtemps entre les théologiens, et le multiple point de vue ont valu dans cette affaire. En effet, nous devons connaitre que Hegel est le champion du déclin et de la chute du christianisme traditionnel de la transcendance divine, et il est un prophète du processus historique pur comme *locus*[lieu] de divinité[7].

Aujourd'hui, il est à savoir que l'athéisme du courant de la mort de Dieu existe encore aux Etats-Unis que par des rémanences de l'école de la première vague ; néanmoins l'appel à une « doctrine athéiste de Dieu », lui, rencontre encore un écho singulièrement utile parmi ceux qui

---

[4]Cf. E. BRITO, « La mort de Dieu selon Hegel. L'interprétation d'Eberhard Jüngel », p.295.
[5]Cf. H. MOTTHY, « La portée philosophique et théologique de la rupture de Marx avec Feuerbach », *In* : *Revue de Théologie et de Philosophie*, Troisième série, Volume 19, Numéro 2
(1969), p.65.
[6] SPINOZA, *Traité théologico-politique*, (Trad. C. APPHUHN), G-Flamarion,1665, p.5.
[7] Cf. D. GARY BADCOCK, « Hegel, le luthéranisme et la théologie contemporaine », *Klesis-Revue Philosophiques*, (Octobre 2007), p.48.

étudient la théologie protestante allemande même si, malheureusement, son appel à reconsidérer leur relation à l'Idéalisme n'est pas suffisamment réaliste[8].

Nous devons savoir que les écrits de Feuerbach se placent au début et à la fin d'une longue période de controverse sur les problèmes eschatologiques à l'intérieur de l'école hégélienne. Ses réflexions, qui lui ont valu la carrière universitaire, n'ont suscité qu'un écho moins fort[9]. Un nombre des philosophes s'intéressent à faire de recherches sur les écrits de Feuerbach.

Si les philosophes se sont passionnés à faire des recherches sur Feuerbach, c'est à cause des recherches feuerbachiennes sur la philosophie de Hegel et de Marx plus souvent. On interprète sa pensée comme un système de transition, un chaînon intermédiaire entre l'idéalisme hégélien et le matérialisme. Dans cette perspective, on signale le caractère ambigu et peu conséquent de la philosophie de Feuerbach, qui prétend rendre réel le dépassement de la pensée spéculative, sans pour autant considérer la praxis révolutionnaire. Considéré ainsi, non pas pour lui-même, néanmoins dans le rapport entre son prédécesseur et son successeur[10].

Spinoza nous signale qu'accorder une autonomie à la réflexion théologique vis-à-vis de la philosophie c'est faire de la religion un non-sens, donc sans « fondement ». La spéculation philosophique n'est pas un danger pour la religion pense Spinoza. Toute fois nous devons savoir que Spinoza faisait la différence entre le Dieu qui a pour intermédiaire Jésus-Christ, et qui avait parlé à Moise avec le Dieu qu'on aperçoit par notre entendement[11].

Dans la réflexion de Spinoza, il fallait laissait l'Ecriture interprétait l'Ecriture, c'est d'ailleurs l'objectif qu'il se donne dans le traité. Bien qu'il en soit, l'Ecriture et la raison ne doivent pas s'opposé. Dans l'Ecriture si un fait à eu liée doit se conformer à a raison ou aux lois de la nature. Un fait différent de l'Ecriture, diffère en même temps à la nature, et diffère donc de la raison[12].

Dans la conception de discours sur Dieu chez Hegel, Feuerbach et Spinoza relativement aux discours théologiques et philosophiques, il se pose une difficulté. Alors ; quelles sont les discours théologiques et philosophiques sur Dieu chez Hegel, Feuerbach et Spinoza ? Comment

---

[8]Cf. D. GARY BADCOCK, « Hegel, le luthéranisme et la théologie contemporaine », p.48.
[9]Cf. TRA VAN TOA, « La mort et le problème de Dieu dans la pensée de Ludwig Feuerbach », *In* : *Revue Philosophique de Louvain,* Quatrième série, Tome 73, numéro 18, (1975), p.350.
[10] *Ibid.*, p.305. A ce sujet lire aussi, S.AWADHIFO AYIBHO, *Le judaïsme : point de départ du chriatianisme chez Hegel et Feuerbach. Evangile contre le néopaganisme,*p.5.
[11] SPINOZA, *Traité théologico-politique*, p.12.
[12]*Ibid.*, p.12, 13 et 14.

pouvons-nous dans la perspective philosophique et théologique donner l'herméneutique exacte de discours sur Dieu ? Notre tâche est de tenter répondre à ces questions.

Nous voulons entraver cette dissertation expliquer la démarche théologique et philosophique pour comprendre la foi religieuse. Il s'agit de faire comprendre l'existence de Dieu entraver la science théologique en faisant comparaison avec la réflexion philosophique. Nous voulons aider les croyants pour appréhender le vrai sens d'existence de Dieu, dans une connaissance et metaconnaissance(un savoir et un metasavoir)

L'objectif général est de faire savoir la définition et notion de la méthathéologie. Nous nous sommes fixés des objectifs spécifiques dans ce travail. Nous voulons rendre compréhensible à nos lecteur la relation entre la théologie et la philosophie relativement au discours sur Dieu en se référant des : Hegel, Feuerbach et Spinoza. En second lieu, nous présentons à nos lecteurs la possibilité d'existence d'une métethéologie pour la compréhension de discours sur Dieu, non dans le souci de réduire la théologie mais de le renforcer la perspective d'interdisciplinarité.

Pour la réalisation de notre travail, nous avons également formulé des hypothèses. La compréhension exacte de discours sur Dieu chez Hegel, Feuerbach et Spinoza, serait un atout pour l'interprétation de relation entre la théologie et la philosophie.

Une possibilité d'existence de métathéologie serait non négligeable pour comprendre le vrai discours sur Dieu. Son rôle serait régulateur dans la relation entre la science théologique et la philosophie.

Ce thème est choisi dans le domaine de philosophie de la religion. Il vise exactement l'enrichissement en connaissance pour l'essor de cette discipline enfin le progrès de la rationalité scientifique. La mise en évidence de la rationalité scientifique pour appréhender la foi religieuse.

L'intérêt que nous nous sommes fixés dans ce travail est de faire comprendre le discours sur Dieu en précédant par une connaissance au-dessus de la théologie, et non pour réduire la théologie et négliger le rôle de la métaphysique existante. Cette connaissance au-delà de la théologie serait pour comprendre la transcendance qui dépasse l'entendement théologique. Et, ce savoir nous l'appelons métathéologie dans ce travail.

Nous sommes obligés de procéder par des méthodes et technique pour la rédaction de ce travail, car il s'agit d'un travail scientifique. Dans cette perspective nous utilisons les méthodes : analytique et critique ; et la technique documentaire.

Cette dissertation se subdivise à deux parties et cinq chapitres : la première partie est pour l'interprétation de la théologie chez Hegel, Feuerbach et Spinoza. La seconde partie traite la métathéologie.

Le premier chapitre explique la théologie et philosophie chez Hegel, nous expliquons d'abord la théologie et la philosophie chez Hegel, la relation entre les deux disciplines : théologie et philosophie enfin la conception sur l'existence de Dieu. Le deuxième chapitre détermine le sens de théologie et philosophie chez Feuerbach. Il s'agit de tentative d'interprétation de : la théologie, la philosophie, relation entre théologie et philosophie enfin la conception de Dieu chez Feuerbach. Le troisième chapitre est pour la compréhension de la théologie et philosophie chez Spinoza nous essayons déterminer le sens de théologie et philosophie chez Spinoza, la relation existante entre les deux enfin Dieu chez Spinoza.

Le quatrième chapitre présente la métathéologie. Nous définissons d'abord le concept et nous faisons savoir sa différence avec la théologie. Le dernier chapitre parle du rôle régulateur de métathéologie. C'est dans ce chapitre que nous tentons présenter les limites théologiques et la différence entre la théologie et la métathéologie.

PREMIERE PARTIE
INTERPRETATION DE LA THEOLOGIE ET PHILOSOPHIE DANS LE PARLER DE DIEU CHEZ HEGEL, FEUERBACH ET SPINOZA

Introduction de la première partie

Cette première partie comprend trois chapitres. Le premier chapitre parle de théologie et philosophie chez Hegel, il s'agit d'abord de la conception de théologie dans la réflexion hégélienne, la philosophie dans le système hégélien, la relation existante entre la théologie et philosophie dans l'approche de Hegel enfin Dieu dans la philosophie hégélienne.

Le deuxième chapitre traite la théologie et la philosophie selon Feuerbach. Nous expliquons la théologie et philosophie dans l'approche feuerbachienne, ensuite la relation existante entre les deux enfin Dieu dans la philosophie de Feuerbach.

Le troisième chapitre est pour l'explication de théologie et philosophie chez Spinoza. Nous tentons de déterminer la signification de la théologie et philosophie chez Spinoza, la relation qui existe entre théologie et philosophie dans la même approche. Enfin nous faisons un essaie d'interprétation de Dieu dans la philosophie de Spinoza.

Source : Photos de G.W.F. HEGEL, disponible sur
https://www.google.com/search?q=Photos+de+Hegel&tbm=isch&source=iu&ictx=1&vet=1&fir=nQybb5Gf7GB6n
M%252CGEHKUjLAfZmcSM%252C_%253B6LCguiSIZe0IbM%252CGEHKUjLAfZmcSM%252C_%253BY1ep
9uJdOYQQeM%252Co31xOkEayOBavM%252C_%253Be-bH_CAASM3V1M%252CN-
hQyPd0bgb_UM%252C_%253Bf1BssLo36n1CqM%252Co31xOkEayOBavM%252C_%253BGQz-
qOhi3fzTOM%252CN-hQyPd0bgb_UM%252C_%253BozGY-
n7mktrW9M%252Co31xOkEayOBavM%252C_%253BxOjGV1KEONxp5M%252CayTTj0hRAfTwDM%252C_%
253BpE0MtpYo0G_vvM%252CPkaLLestKWN2JM%252C_%253BXv06QoReWFe5tM%252Ckux6AyRZ0q8fG
M%252C_%253BonIJdcOJIyRKqM%252CFdVSyh5OiUnRGM%252C_%253BscdENo--
Djd1eM%252CPkaLLestKWN2JM%252C_%253BZCQKJN5kU4ji7M%252Co31xOkEayOBavM%252C_%253B
YhWYWlJvnOU1xM%252CN-
hQyPd0bgb_UM%252C_%253Bc4KqDSjhhVF1PM%252CbklgpMsjXM2YAM%252C_%253BjLekQ7ArBoufV
M%252CN-
hQyPd0bgb_UM%252C_%253Bsk3_3kTZ5dbtnM%252Co31xOkEayOBavM%252C_%253BviN9WxIrZLK04M
%252CPkaLLestKWN2JM%252C_%253BsZcyoFpdONrgsM%252CN-
hQyPd0bgb_UM%252C_%253BGR8JtJtTmOMSGM%252CN-hQyPd0bgb_UM%252C_&usg=AI4_-
kQGw1MzYX2z_mG73jhWiJa0qkPunA&sa=X&ved=2ahUKEwi8zdWiwsf1AhV0BGMBHTM_BhwQ9QF6BAgP
EAE#imgrc=Xv06QoReWFe5tM consulté dimanche 23 janvier 2022 à 10 :06.

Chapitre premier
THEOLOGIE ET PHILOSOPHIE CHEZ HEGEL

I.1. Introduction

Dans ce chapitre qui est le premier de notre dissertation nous expliquons à nos lecteurs : la théologie et philosophie dans l'approche hégélienne, la relation existante entre ces deux disciplines scientifiques enfin la conception de Dieu dans la pensée de Hegel

I.2. La théologie chez Hegel

Il existe beaucoup d'écrits dans la relation de Hegel[13] à la théologie. Il est possible que les interprétations se réalisent centrées sur une évaluation trop abstraite de cette relation. Hegel a opté pour la connaissance de refondation de la pensée, dans la même perspective il faut noter également les contenus de la dogmatique trinitaire et christologique[14].

Au début de décennies du XIXe siècle, le philosophe récuse toute herméneutique d'extrinsécisme de la Révélation et opte pour une théologie du Dieu révélé qui prend pour perspective l'acte créateur et l'union de l'être humain. Cette action peut pousser à l'étonnement. La compréhension de Dieu est non négligeable dans la philosophie. Il s'agit d'abord, d'écarter la

---

[13] Né en 1770 et décédé en 1831, Georg Wilhelm Friedrich Hegel, est un philosophe dont l'œuvre est considérable dans l'idéalisme allemand et a eu une influence décisive dans l'ensemble de la philosophie contemporaine.Au moment où il avait fini avec l'étude de théologie, Hegel renonce à une carrière de pasteur et devient précepteur à Berne, puis à Francfort et enfin à l'Université pour laquelle il fait la dissertation des *Cours d'Iéna* (1803-1806). Il écrit en 1807, son œuvre principale, *La Phénoménologie de l'Esprit*, qui décrit le développement de la conscience jusqu'au savoir absolu. En 1808, il est nommé professeur, puis directeur du lycée de Nuremberg. Il présente sa réflexion pour l'enseignement secondaire : ses notes de cours constituent la *Propédeutique philosophique* (1809-1816) (S.A. [*Sine ano*], *Biographie de Georg Wilhelm Friedrich Hegel*, disponible sur https://www.lisez.com/auteur/georg-wilhelm-friedrich-hegel/29801 . Consulté dimanche 23 janvier 2022 à 09 :54. Lire aussi, S. AWADHIFO AYIBHO, Le judaïsme : point de départ du christianisme chez Hegel et Feuerbach. Evangile contre le néopaganisme, Éditions Croix du Salut, le 19 juillet 2021 et S. AWADHIFO AYIBHO, « Etat hégélien. Regard sur l'élément spirituel, la rationalité du droit et loi », *In* : *Revue de l'Administration publique et de Management*, Numéro Spécial, Kinshasa, 2021, p.133. A cet même sujet, S. AWADHIFO AYIBHO, La signification du christianisme chez Hegel, Mémoire de Licence en Philosophie, Université de Kisangani, 2019.). En 1816, nommé professeur titulaire à la chaire de filière de la philosophie de l'Université de Heidelberg, il rédige dans cette perspective le *Précis de l'Encyclopédie des sciences philosophiques* (1817), exposé systématique de sa doctrine. Appelé, en 1818, à la chaire de Berlin, Hegel va apparaître désormais comme un philosophe célèbre. C'est à l'époque de Berlin qu'il écrit ses cours sur le Droit, il s'agit de *Principes de la philosophie du Droit*, (1821) et d'Histoire, dans *La Raison dans l'Histoire* (1822 à 1830). Il professe aussi un enseignement qui, publié par des disciples, va toucher à des sujets très variés, il est ici question des *Leçons sur l'histoire de la philosophie*, *l'Esthétique*, les *Leçons sur la philosophie de la religion* et les *Leçons sur la philosophie de l'Histoire* sont des œuvres posthumes (S.A. [*Sine ano*], *Biographie de Georg Wilhelm Friedrich Hegel*, disponible sur https://www.lisez.com/auteur/georg-wilhelm-friedrich-hegel/29801 . Consulté dimanche 23 janvier 2022 à 09 :54).

[14] Cf. V. HOLZER, « Hegel et la théologie. Un dieu sans transcendance ou une « philosophie » de *l'unio mystica* ? », (2007), disponible sur https://www.cairn.info/revue-recherches-de-science-religieuse-2007-2-page-199.htm#:~:text=%C2%AB%20Hegel%20repr%C3%A9sente%20incontestablement%20le%20projet,de%20l'appr%C3%A9hender%20comme%20Esprit. Consulté dimanche 23 janvier 2022 à 13 :20.

réflexion panthéiste et d'interroger encore les textes. Beaucoup de théologiens ont mentionné que le Dieu de Hegel, avant son « inversion » dans le fini, est une « carence primordiale »[15].

Nous ne pouvons pas nier l'influence athéiste ou panthéiste dont les autres disciplines scientifiques font souvent à l'égard de certains philosophes. Mais ce qu'il faut savoir est qu'il est aussi insensé de refuser la connaissance philosophique. Puisqu'il est l'exigence de l'interdisciplinarité nous sommes appelés à accepter la coexistence pacifique. Dans une dialectique bien déterminée une commune pensée où nous transcendons les énigmes.

Nous constatons bien la considération théologique par le philosophe Hegel, bien qu'il se soit plus passionné de la philosophie enfin de sa carrière. Il en doit être de même des théologiens pour leurs progrès. Ces derniers sont dans l'obligation de reconnaître les méthodes philosophiques pour l'exégèse. Il n'est pas question de voir dans la philosophie que l'athéisme ou paganisme. Mais nous sommes appelés aussi à accepter sa positivité.

La métaphysique, l'ontologie ou théodicée sont des disciplines de la metasavoir, l'objet poursuivis est d'éviter de tomber dans absolutisme, les affirmant suffisant. Même la métaphysique dermaque parce qu'il y'a la physique, il en est de même avec l'ontologie ou la théodicée. Dans cette perspective la reconnaissance de la philosophie comme suffisante se présente absurde.

L'acceptation d'une métaconnaissance dans cette perspective est nécessaire pour rationaliser les différents discours relevant du transcendant. Nous sommes appelés à accepter la coexistence scientifiques pour dans les soucis du progrès scientifique.

I.3. La philosophie chez Hegel

I.3.1. L'Absolu dans la réflexion hégélienne

Pour Hegel, la philosophie associe tout ce qui est nécessaire pour comprendre le réel dans sa totalité, il s'agit de réflexion sur l'histoire et les choses : « *Saisir et comprendre ce qui est, telle est la tâche de la philosophie* ». La Philosophie dans cette perspective représente un *Système* différent de Nietzsche ou Kierkegaard dont les philosophies prônent la subjectivité, c'est-à-dire tout un ensemble organisé et clos dont tous les éléments jouissent

[15]Cf. V. HOLZER, « Hegel et la théologie. Un dieu sans transcendance ou une « philosophie » de *l'unio mystica* ? », (2007), disponible sur https://www.cairn.info/revue-recherches-de-science-religieuse-2007-2-page-199.htm#:~:text=%C2%AB%20Hegel%20repr%C3%A9sente%20incontestablement%20le%20projet,de%20l'appr%C3%A9hender%20comme%20Esprit. Consulté dimanche 23 janvier 2022 à 13 :20.

d'autonomie, un savoir formant une unité et englobant *tous les éléments de la pensée et de la vie*[16].

Cette entreprise totalisante et synthétique a pour sens fondamental l'*Idée*, qui est comprise non pas en tant que représentation subjective, mais comme principe spirituel dynamique, création non mortelle, vie éternelle. L'absolu existe d'abord comme Pensée identique à soi-même (premier moment). Puis, il sort (second moment). Enfin, durant le troisième moment, il revient en soi[17].

I.3.2. Hegel, l'activité humaine et l'histoire

C'est l'homme qui nous le fait appréhender. L'homme représente, *un désir négateur* : il tend vers un but ou un objet et il tend jusqu'à les assimiler, les nier, les faire siens. Mais l'objet réel du désir, c'est Autrui : la conscience ne se conçoit et ne se concède qu'en se dirigeant vers l'Autre, qu'elle tend à soumettre à la domination pour se faire reconnaitre comme « *conscience de maitre* »[18].

Seul, pense le philosophe Hegel, le désir du désir est générateur du moi. En une lutte menant à mort de pur prestige, la conscience humaine est en guerre contre une autre conscience et s'efforce de se faire « reconnaitre » dans sa supériorité. Au-delà de la formation du moi individuel, apparait le Travail et dans l'Histoire que la négation s'exprime avec sa pleine supérieur[19] :

1. *Travailler*, c'est refuser, nier la nature pour la victoire, c'est construire des outils pour soumettre ce qui est humain.
2. Dans cette perspective, l'être humain humanise-t-il les choses et dompte-t-il la nature. Il réalise une *activité pratique,* expression qui symbolise une transformation des choses extérieures, marquées, dès lors, du sceau de l'intériorité de l'homme et de la négativité.
3. L'*Histoire*, elle aussi (comprise comme développement de l'Idée et processus spirituel total), manifeste pleinement la négativité humaine qui s'inscrit en elle : c'est un devenir où l'homme nie le monde et extériorise ainsi sa liberté.
4. Néanmoins, il ne faut pas se méprendre sur le caractère de l'évolution historique.

[16] S.A [*Sine ano*], *La philosophie de Hegel*, disponible sur https://la-philosophie.com/philosophie-hegel. Consulté Samedi 22 Janvier 2022 à 13:15. Pour comprendre la notion de l'absolu chez Hegel il est aussi important de lire S.AWADHIFO AYIBHO, La dialectique de l'idée absolue chez Hegel, TFC en Philosophie, Université de Kisangani, 2017.

[17] *Ibid.*

[18] *Ibid.*

[19] *Ibid.*

5. Certes, un individu historique marque dans les choses son propre projet, mais il n'est que le chargé d'affaires de l'Esprit du monde.
6. L'*Histoire*, est ce mouvement spirituel total par lequel s'engendre l'Idée absolue, est une présentation de la *raison,* conçue comme Principe divin immanent au monde.
7. La Raison dirige les choses et, pour mener à bonne fin ses réalisations, elle fait usage des volontés, ou passions des individus.
8. la Raison « ruse » : on peut désigner « *Ruse de la raison* » le fait qu'elle n'agit pas en soi, néanmoins laisse agir à sa place les passions humaines.

I.4. La relation entre théologie et philosophie dans la réflexion hégélienne

Hegel a souvent l'habitude de concilier la théologie et la philosophie, c'est-à-dire il rapproche les sens philosophique et théologique[20]. C'est cela qui justifie la nécessité de ces deux disciplines pour étudier et interpréter les discours divins. Le verbe de Dieu doit être compris dans un sens qui est philosophique et théologique.

Dans cette perspective, il existe une relation entre la philosophie et la théologie. Telle que prônée par le principe d'interdisciplinarité aujourd'hui les sciences doivent se compléter les unes aux autres. Il en est de même avec la multidisciplinarité ; néanmoins nous pouvons constater avec l'extradisciplinarité l'idée de la métascience.

Dans notre perspective nous entrons dans la métathéologie pour renforcer la connaissance sur le verbe de Dieu. Ceci, afin de combattre le néopaganisme. Dans notre premier ouvrage : *Judaïsme : point de départ du christianisme chez Hegel et Feuerbach. Evangile contre le néopaganisme*, nous avons expliqué le néopaganisme comme hérésie. Néanmoins, il s'agissait de lutter contre cette pratique hérétique par l'explication d'une religion monothéisme. C'est dans cette perspective, il s'était agi de la pensée de la religion chrétienne dans la réflexion hégélienne et feuerbachienne.

I.5.Dieu chez Hegel

Nous sommes appelé à connaitre que le vocable sur l'existence de Dieu ne sont pas souvent exclus dans un parler hégélien. Néanmoins, le point de vue de Hegel à l'égard de ces preuves ne semble pas facile à juger. Par ce qu'on ne peut les affirmer ou nier totalement[21]. Il est

---

[20] S.AWADHIFO AYIBHO, Le judaïsme : point de départ du christianisme chez Hegel et Feuerbach. Evangile contre le neopaganisme, Éditions Croix du Salut, p.4.

[21] Cf. G. MARMASSE, « Que prouvent, chez Hegel, les preuves de l'existence de Dieu ? », *In* : *Les Études philosophiques*, Numéro 92, Volume 1, (2010), p.109.

à savoir que le Dieu du christianisme est d'abord esprit, Hegel explique dans trois perspectives [22]:

1. Dieu est un esprit qui se manifeste dans la religion. Mais Hegel dans cette perspective identifie Dieu à la révélation. Cette opposition est souvent présente dans la théologie traditionnelle, pour laquelle l'essence de Dieu et ses multiples manifestations, nous restent incompréhensible pour la dite théologie, la révélation n'est qu'une activité de Dieu parmi tant d'autres, une activité entraver quoi il nous parle de ce qu'il veut. Contrairement dans la conception hégélienne, Dieu, comme esprit, ne se comprend pas par sa manifestation.
2. Dans le christianisme, l'esprit se conçoit comme absolu, c'est-à-dire comme un développement des bornes de l'esprit : subjectif et objectif. Dans cette perspective Dieu de la religion, chez Hegel, se manifeste comme réconcilié avec le monde.

En prenant pour exemple la vie de la communauté chrétienne après la Pentecôte, nous constatons ici, selon Hegel, Dieu lui-même, loin d'idée d'incarnation dans l'Église. Dieu est dans cette perspective considéré comme l'âme, la connaissance et la volonté commune. Ceci implique que l'esprit de la communauté est le divin. Il est aussi à connaitre que l'immanence de Dieu à la communauté ne se confond pas. Nous regardons, le Dieu de Hegel comme une activité d'autoreprésentation[23].

La grandeur de Dieu ne consiste pas seulement dans sa manifestation, dans la nature ou dans l'histoire, néanmoins dans les croyances religieuses. Car, dans la conception de Hegel, la connaissance, si elle est concrète, elle est supérieure à l'homme .Dieu est dans cette perspective représenté comme un en soi. C'est en ce sens que la divinité existe. On a l'hypothèse défendue plus haut, dans la perspective hégélienne, nier l'existence du divin serait une abomination, puisque l'esprit religieux est donné dans l'expérience, et donné à ce qui est relatif à son sens, celui de l'esprit qui se réconcilie ensemble avec l'univers[24].

I.6. Conclusion

Ce chapitre qui était le premier de notre dissertation vient d'être achevé. Il a été question de parlait de la théologie et la philosophie dans la réflexion hégélienne. Nous avons d'abord, développé la conception de Hegel vis-à-vis de la théologie ensuite il s'est agi de la

[22] *Ibid.*, p.114. Lire aussi, G.W.F. HEGEL, *Science de la logique*, (Trad. G. JARCZYK et P.-J. LABARRIERE), Paris, Aubier, (1972) 1981, p. 19 et *Encyclopédie,* (Trad. B. BOURGEOIS) , Paris, Vrin, 1988, p. 385.
[23] *Ibid.* 116.
[24] *Ibid.*

philosophie. Nous avons dans la même perspective établit la relation existante entre la théologie et la philosophie chez Hegel enfin la conception de Dieu chez Hegel.

La réflexion théologique n'échappe pas à l'interprétation de Hegel. Mais il pense que la théologie et philosophie doivent être considérées comme prônées par l'interdisciplinarité pour résoudre les multiples maux dans la société.

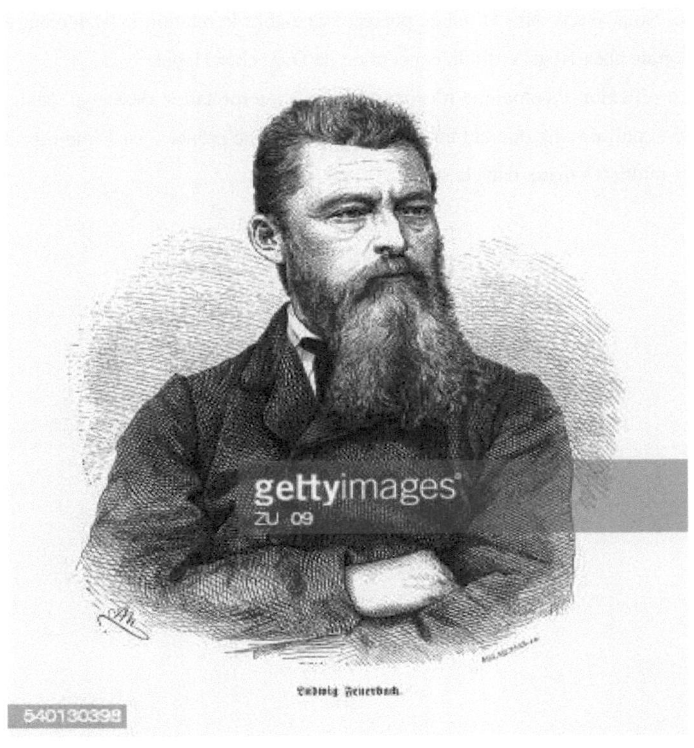

Source : Photo de Feuerbach, disponible sur https://www.google.com/search?source=univ&tbm=isch&q=images+de+FEUERBACH&fir=5xfb4xJ8RudpbM%252CkjwiU4Pbt0WF8M%252C_%253BMPplj24lrEyWHM%252CX7xMHomfT8HU_M%252C_%253Bepbw06y7TAFr_M%252CgvtXqj3z-SIQgM%252C_%253BVubJb0n7jghZeM%252CkjwiU4Pbt0WF8M%252C_%253BxqK0tq4OYke_XM%252CXb2OCwNirEZ9kM%252C_%253BnnLPvmskPfQGHM%252CXb2OCwNirEZ9kM%252C_%253BwR1sCOFFji_DfM%252Cxm1o81L177QS3M%252C_%253BkH-Yem0e0gW2HM%252C4ybr-l_CtXbjaM%252C_%253B11pGli8mE1ussM%252CkjwiU4Pbt0WF8M%252C_%253B2eQgaegqRTVVkM%252CXb2OCwNirEZ9kM%252C_&usg=AI4_-kSMCar5-o3sf3rolts6Rqzwmqs3JQ&sa=X&ved=2ahUKEwiauZCQwMf1AhU0DmMBHde4AYgQjJkEegQIDxAC&biw=1366&bih=568&dpr=1#imgrc=VubJb0n7jghZeM consulté dimanche 23 janvier 2022 à 10 :04.

Chapitre deuxième
THEOLOGIE ET PHILOSOPHIE CHEZ FEUERBACH

II.1. Introduction

Ce deuxième chapitre de notre dissertation parle d'abord de la théologie chez Feuerbach, la philosophie dans le système feuerbachien, ensuite la relation entre théologie et philosophie dans la réflexion feuerbachienne enfin Dieu selon Feuerbach.

II.2. La théologie chez Feuerbach

La conception philosophique de Feuerbach[25] est souvent comme le chaînon manquant entre celle de Hegel, dont elle aurait entrepris la réflexion critique, et celle de Marx, qui aurait dû

---

[25] Né le 28 juillet 1804 à Landshut (Électorat de Bavière), Ludwig Andreas Feuerbach, est philosophe. Il est mort le 13 septembre 1872 à Rechenberg. Ce qu'il faut savoir aussi est qu'Il est disciple, puis critique de Hegel et le chef de file (après Bruno Bauer) du courant matérialiste appelé hégélien de gauche auquel se sont consacré Stirner, Marx, Engels et Bakounine. Ludwig Feuerbach est connu comme le quatrième fils du juriste Paul Johann Anselm Von Feuerbach, qui s'est occupé notamment de l'affaire Kaspar Hauser. (S.A. Biographie de LUDWIG ANDREAS FEUERBAG, disponible sur https://fr.wikipedia.org/wiki/Ludwig_Feuerbach . Consulté dimanche 23 janvier 2022 à 09 :49.). Il est à savoir qu'après des études secondaires dans sa ville natale, Ludwig Feuerbach part en 1823 pour étudier la théologie protestante à Heidelberg sous la direction de Paulus et de Carl Daub, ce dernier étant un hégélien. L'année suivante, entre aux grands débats entre la théologie et philosophie, et après avis de son père, il prend la décision de se rendre à Berlin pour la connaissance des cours de Hegel, et se passionne immédiatement pour la doctrine du maître. Il laisse alors la théologie pour se consacrer définitivement à la philosophie, et, plus particulièrement, à défendre et à propager des idées hégéliennes. (*Ibid.*). Il passe son doctorat à Erlangen, soutenant la thèse *De ratione una, universali, infinita* [De la raison une, universelle et infinie], ce qui lui permet d'obtenir en 1828 un poste d'un enseignant libre (privat-docent) à l'université de cette ville. Il publie *Pensées sur la mort et l'immortalité* (Gedanken über Tod und Unsterblichkeit, Nuremberg) sans nom d'auteur, cet anonymat n'égard personne. Il y critique les réflexions chrétiennes de l'âme ; reprenant avec talent les verbes des matérialistes, il refuse l'immortalité à l'être humain, ne l'accordant qu'à la Raison. (*Ibid.*). Les réactions sont très fortes, même de la part de quelques disciples d'Hegel, qui, étonnés par son athéisme, s'efforcent dans leurs professions de foi de repousser des conséquences qu'on pourrait tirer de leurs propres livres. Après la controverse engendrée par cette publication, considérée par d'autres comme un ennemi juré de la religion, il se sent obligé de quitter sa chaire en 1832, et, après beaucoup de demandes des postes rejetées (la dernière en 1836), il se résigne à renoncer à toute carrière universitaire. En 1837, il devient le mari d'une riche héritière, Bertha Loew, dont il a deux filles, ce qui lui permet de se consacrer seulement à ses écrits. Il se stabilise alors à Bruckberg, en Bavière. (*Ibid.*). En 1838–1839, il rédige plusieurs articles dans la revue des hégéliens de gauche *Annales de Halle*. Il y publie dans la même perspective en 1839 la *Contribution à la critique de la philosophie hégélienne* qui marque sa rupture avec ce courant de pensée. Beaucoup d'ouvrages essentiels suivent qui se situent entre la philosophie et religion, avec sacrifice de cette dernière. Au premier degré de ces ouvrages vient *l'Essence du christianisme*, en 1841. Cet ouvrage lui assure un grand succès, Friedrich Engels parlant « d'effet libérateur », aussi, à l'égard de l'hégélianisme, et proclamant : « nous devînmes tout d'un coup tous des feuerbachiens ».Mais , l'ouvrage de Stirner, L'Unique et sa propriété, qui paraît en 1844, garde de violents coups aux thèses feuerbachiennes, il est à noter dans cette perspective que l'Homme qu'il exaltait comme dieu de l'homme est dénoncé comme une nouvelle transcendance, une récente aliénation. Feuerbach écrira ensuite *L'Essence de la foi dans l'esprit de Luther*, et une série de cours à Francfort en 1848–1849. En 1845, *L'Essence de la religion* dans la perspective marque une idée vers le naturalisme. (*Ibid.*).En 1848, en tant que philosophe critique de la religion, il donne plusieurs pour les protagonistes de la Révolution allemande de 1848. Nous devons savoir que les étudiants le pressent même de venir expliquer les principes fondamentaux de sa philosophie. Il se rapproche alors du socialisme, et s'engage à la politique. Aussi, il faut savoir qu'Il se présente aux élections de l'Assemblée nationale de Francfort, néanmoins les résultats sont désolants. (*Ibid.*). Toute fois à l'échec de la révolution allemande et le retour en Allemagne de la Restauration, ses thèses perdent de leur influence dans les verbes. En 1860, ses conditions matérielles vont devenir plus difficiles à la suite de la faillite de la manufacture de sa femme. Il doit alors quitter le château de Bruckberg, où il habite, pour atteindre Rechenberg près de Nuremberg. Il y va mourir douze ans plus tard, le 13 septembre 1872. (*Ibid.* Lire aussi à ce même sujet, S.AWADHIFO AYIBHO, Le judaïsme : point de départ du christianisme chez Hegel et Feuerbach. Evangile contre le néopaganisme,p.18.).

se défaire de son appréhension pour accéder au noyau scientifique de sa propre réflexion. En effet, s'il est assurément réducteur de considérer Feuerbach pour le simple élève (critique) de Hegel ou pour le simple précurseur de Marx, c'est qu'en réalité il est réalisable de dire sans risquer l'anachronisme que Feuerbach a été les deux à la fois ; dans cette perspective l'étude de sa pensée doit permettre de comprendre ce qu'il y a d'hégélien chez le « jeune Marx » et de matérialiste[26]. A ce qui concerne la théologie, Feuerbach reconnait des limites également dans la connaissance théologique.

La théologie est comprise avec Feuerbach comme croyance aux fantômes. D'abord, il pense que la théologie ordinaire trouve ses fantômes dans l'imagination matérielle, la théologie spéculative dans l'abstraction immatérielle[27]. C'est dans cette perspective que nous constatons la nécessité philosophique pour assister la théologie dans le discours sur Dieu. Il n'est pas question de reconnaitre que le négatif dans la réflexion philosophique, comme on pourrait le faire aux athées et panthéistes...

II.3. La philosophie chez Feuerbach

La philosophie pour le philosophe Feuerbach est relative à une réflexion qui pousse vers les conditions de possibilités d'une praxis qui est social mais aussi éthique. Or, ces conditions des possibilités ne sont pas faussement réalisable, elles découlent au contraire de façon innée des acquis de son anthropologie[28]. Dans cette perspective, si l'action politique, c'est-à-dire commune est réalisable, c'est parce que l'être humain est en mesure de reconnaître le tout que forme l'humanité, c'est-à-dire ce caractère multiple. Il fallait donc un retour à l'être humain pour la réalisation d'une vraie polique[29].

Feuerbach prône l'étude de la philosophie pour s'imprégner des situations difficiles, mais il a tendance d'identifie la philosophie comme une anthropologie. Comme beaucoup de

---

[26] P. SABOT, « L'homme de la religion et la religion de l'Homme selon Ludwig Feuerbach », disponible sur https://journals.openedition.org/methodos/320 samedi 22 janvier 2022 à 13 :7.

[27] *Ibid.* La reconnaissance des limites dans une discipline scientifique est possible. Pas seulement en théologie, on peut aussi constater dans d'autres disciplines scientifiques. Nous pouvons parmi lesquelles citer la logique propositionnelle classique. Il est à savoir ceci : « La logique propositionnelle classique ne peut pas par exemple rendre compte de la valeur de vérité des propositions enchâssées dans des attitudes propositionnelles comme la connaissance, la croyance et n'est pas adéquate pour le raisonnement sur l'incertain et sur les situations évolutives. ». J-P. BOKANGA ITINDI, Cours des Questions Approfondies de Logique, Notes destinées aux étudiants de Licence en Philosophie, Université de Kisangani, 2019, p. 5.

[28] A. DURAND, « Ludwig Feuerbach : la religion de l'Homme(2008) », disponible sur https://journals.openedition.org/trajectoires/213 Consulté Samedi 22 Janvier 2022 à 13:32

[29] *Ibid.*

philosophes après Socrate s'intéressent plus à l'étude de l'homme et de son bonheur, cette identification de la philosophie ne peut non plus nous étonner.

II.4. La relation entre théologie et philosophie chez Feuerbach

Nous cherchons ici à comprendre en quoi Feuerbach, loin de refuser toute réalité à la religion, n'autorise en cause que l'existence d'un Dieu personnel et l'immortalité de l'être humain. Dans cette même perspective, il affirme que la religion est propre à l'essence de l'homme. La philosophie a contrairement à la théologie, pour objet de montrer le fondement anthropologique de la religion, c'est-à-dire, la relation entre la conscience de Dieu et la conscience de soi de l'être humain[30].

L'être humain prend alors conscience de son essence, c'est-à-dire de son extérieur à la communauté humaine. Feuerbach essaye de surmonter tant l'abstraction théologique que celle de l'être humain isolé, unique, pensé par Stirner. L'essence infinie de l'être humain dans cette perspective s'exprime socialement dans une communauté humaine et c'est ce qui rend possible une praxis sociale. Ce lien de la croyance en un Dieu personnel à la praxis sociale exige une réflexion sur l'essence de la religion ainsi que sur le caractère anthropologique de la philosophie de Feuerbachienne[31].

II.5. Dieu chez Feuerbach

Feuerbach croyait en un Dieu unique et à la vie éternelle, mais Dieu était pour lui une abstraction. Pour Feuerbach, croire en Dieu est considéré comme un signe d'une aliénation de l'homme qui se soumets à ses propriétés (liberté, conscience transcendantale, créativité, etc.) pour les projeter sur Dieu. Les déterminations relatives à la divinité sont les déterminations de l'être humain qui sont absolutisées. « L'homme est appauvri de ce dont Dieu est enrichi »[32].

L'être humain pour Feuerbach est donc dépouillé de sa réelle liberté, qui est rendue étranger à lui-même, autrement on peut dire au sens propre, aliéné. La tâche de la critique de la croyance relativement en Dieu est de restituer à l'être humain son être perdu dans la croyance de Dieu. Dans les *Principes*, Feuerbach fait une correction d'anthropocentrisme que comporte sa philosophie de l'être humain, pour faire place à une « nature » autonome de la raison humaine, et,

---

[30] A. DURAND, « Ludwig Feuerbach : la religion de l'Homme(2008) », disponible sur https://journals.openedition.org/trajectoires/213 Consulté Samedi 22 Janvier 2022 à 13:32

[31] *Ibid.*

[32]Cf. S.A. Biographie de LUDWIG ANDREAS FEUERBAG, disponible sur https://fr.wikipedia.org/wiki/Ludwig_Feuerbach . Consulté dimanche 23 janvier 2022 à 09 :49.

dans la *Théogonie*, les thèmes moraux deviennent prédominants comme dans toutes les dernières publications de Feuerbach[33].

Dans son ouvrage *Pensées sur la mort et l'immortalité* I puis dans *l'Essence du christianisme* II, Feuerbach fait une critique de la religion dont le résultat sera le fondement d'une anthropologie. Dans cette perspective schématique, on peut affirmer que Feuerbach montre dans les *Pensées sur la mort et l'immortalité* que la croyance en un Dieu personnel et croire en une vie éternelle sont liées, et que, pour se réapproprier la vie sur terre, il est nécessaire de renoncer à la croyance en Dieu. Dans *l'Essence du christianisme*, il s'attache à expliquer ce qu'est l'objet religieux proprement dit, à savoir, par quel phénomène l'être humain pose hors de lui un être métaphysique, Dieu, dans lequel il aliène sa propre liberté[34].

Dans *les Pensées sur la mort et l'immortalité*, Feuerbach détermine d'abord de quelle façon l'homme se conçoit la pensée de Dieu. Il montre que le Dieu personnel est le fruit d'une abstraction du Soi que le sujet objective en un être en dehors auquel il donne une existence réelle par le nom de Dieu. Ce Dieu est l'essence de l'homme objectif et n'est pas accepté comme tel par celui qui croit. Dieu est le « Je » qui s'égare et s'objective dans une essence particulière. La contradiction est là, précisément dans cet être à la fois personnifié et non fini[35].

II.6. Conclusion

Nous sommes en fin de ce deuxième chapitre qui était pour l'interprétation de la théologie et philosophie chez Feuerbach. Apres avoir appréhendé la réflexion feuerbachienne de théologie et philosophie, nous avons expliqué la relation entre la théologie et philosophie enfin la pensée de Dieu chez Feuerbach.

Feuerbach comme un philosophe reconnait l'importance théologique et reconnait aussi la limite de cette discipline scientifique, qui nécessite la philosophie pour son renforcement. Néanmoins il identifie la philosophie comme l'anthropologie.

---

[33]Cf. S.A. Biographie de LUDWIG ANDREAS FEUERBAG, disponible sur https://fr.wikipedia.org/wiki/Ludwig_Feuerbach . Consulté dimanche 23 janvier 2022 à 09 :49.

[34] A. Durand, « Ludwig Feuerbach : la religion de l'Homme(2008) », disponible sur https://journals.openedition.org/trajectoires/213 Consulté Samedi 22 Janvier 2022 à 13:32, Lire aussi à ce sujet, L. FEUERBACH, *Pensées sur la mort et l'immortalité*, Paris, Cerf, (1830) 1991.

[35] *Ibid.*

Source : Photo de SPINOSA, disponible sur https://www.gettyimages.fr/photos/spinoza consulté dimanche 23 janvier 2022 à 10 :01

Chapitre troisième
THEOLOGIE ET PHILOSOPHIE CHEZ SPINOZA

III.1. Introduction

Le troisième chapitre trace la théologie chez Spinoza, la philosophie dans la même perspective d'interprétation de Spinoza, la relation qui existe entre la théologie et philosophie chez Spinoza enfin explique Dieu selon Spinoza.

III.2. La théologie chez Spinoza

Spinoza[36] s'intéresse aussi à l'étude théologique. D'abord, la question de la religion se place considérablement dans la réflexion de Spinoza. Elle s'inscrit dans le contexte d'un siècle qui est prise par la liberté de pensée et les conditions qu'elle impose ; elle a rapport à la philosophie même de Spinoza, à sa réflexion de Dieu, en dehors de laquelle on ne saurait savoir les enjeux. Elle aura une influence déterminante dans les controverses intellectuelles de l'époque moderne[37].

Il existe des points essentiels dans la réflexion de Spinoza : la situation propre de Spinoza, relative à sa révélation, sa foi, son rapport de philosophie et de la théologie, la méthode d'interprétation de l'Ecriture, la relation qu'il établit entre la théologique et la politique enfin le

---

[36] Né le 24 novembre 1632 à Amsterdam et mort le 21 février 1677 à La Haye, Baruch Spinoza est connu comme philosophe néerlandais d'origine séfarade portugaise. Il porte une influence dans l'histoire de la philosophie, sa réflexion, appartenant au courant des modernes rationalistes, ayant eu une influence sur ses contemporains et nombre de penseurs postérieurs. Il est à connaitre dans la même perspective que Spinoza est issu d'une famille juive marrane-séfarade portugaise ayant fui l'Inquisition pour vivre précisément dans les Provinces-Unies, plus tolérantes. Le 27 juillet 1656, il est frappé par un *herem* (excommunication), précisément de la communauté juive d'Amsterdam. Habitant Rijnsburg puis Voorburg avant de se stabiliser finalement à La Haye, il gagne sa vie en taillant des lentilles optiques pour lunettes et microscopes. Il prend ses distances à l'égard de toute pratique religieuse, néanmoins non envers la réflexion théologique, grâce à ses nombreux contacts interreligieux. Il est fréquemment attaqué en raison de ses propos politiques et religieux, et son *Traité théologico-politique*, dans lequel il défend la liberté extrême de philosopher. Il devra aussi renoncer à la publication de son vivant son *magnum opus*, l'*Éthique*. Il meurt en 1677 de la tuberculose, il est aussi à savoir que ses amis décidèrent de publier ses œuvres.(S.A. Biographie de Baruch Spinoza, disponible sur https://fr.wikipedia.org/wiki/Baruch_Spinoza Consulté dimanche 23 janvier 2022 à 09 :51)Dans la réflexion philosophique , Spinoza est, avec René Descartes et Gottfried Wilhelm Leibniz, l'un des principaux représentants du rationalisme. Héritier critique du cartésianisme, le spinozisme se conçoit par un rationalisme absolu laissant une place à la connaissance intuitive, une identification de Dieu avec la nature, une définition de l'être humain par la volonté, une conception de la liberté comme compréhension de la nécessité, une critique des interprétations théologiques de la Bible avec fin à une conception laïque des rapports entre politique et religion. Après sa mort, le spinozisme eut une influence durable et fut largement mis en controverse. L'œuvre de Spinoza présente en effet une relation critique avec les positions traditionnelles des religions monothéistes que constituent le judaïsme, le christianisme et l'islam. Spinoza fut maintes plusieurs fois admiré par ses successeurs : Hegel en fait « un point crucial dans la philosophie moderne ». « L'alternative est : Spinoza ou pas de philosophie » ; Nietzsche le considérait de « précurseur », aussi en raison de son refus de la téléologie ; Gilles Deleuze le surnommait le « Prince des philosophes » ; et Bergson pensant que « tout philosophe a deux philosophies : la sienne et celle de Spinoza ».(*Ibid.*)

[37]Cf. H. LAUX, *Spinoza et la religion Enjeux éthiques, philosophiques et théologiques, un cours aux Facultés Jésuites*, Centre serves Paris, 2018, Mardi de 14h30 à 16h30 du 6 mars au 10 avril. Lire aussi à ce sujet : H. LAUX, *Imagination et religion chez Spinoza. La potentia dans l'histoire,* Paris, Vrin, 1993, p. 317 à ce même sujet J. LAGREE, *Spinoza et le débat religieux,* Presses universitaires de l'Université de Rennes, 2004, p. 250.

salut. Dans cette même perspective il faut ajouter la position sur la nature de la religion chez Spinoza : dérive superstitieuse sur le terrain des passions mais aussi de violence, ou possible un chemin de salut[38].

III.3. La philosophie chez Spinoza

La philosophie se place au sein d'une articulation de la fermeté et de globalité ; car agir en vertu de seule loi de la raison, c'est agir en philosophe. Mais agir en philosophe, être philosophe dans la pensée de Spinoza n'est le fait que du petit nombre. Ce dans cette perspective qu'il admet, dans le chapitre XV du *Tractatus theologico-politicus,* un chemin de salut par le respect en vertu du témoignage de l'Écriture. À la différence entre la fermeté et la globalité, viendra donc s'ajouter la séparation de la foi et de la philosophie; et avec elle la possibilité d'un *déplacement*[39].

Spinoza s'est servi de la philosophie pour renforcer les théologiens en les proposant leurs pensées ce qu'il a estimé meilleur. Qui réside d'ailleurs sur l'amour que tant de philosophes reconnaissent. Et dans cette perspective nous ne pouvons pas exclure les croyants, car sans l'amour a quoi servira la foi religieuse? Bien qu'il en soit pour les théologiens Spinoza a contribué pour les vices dans la société.

III.4. La relation entre théologie et philosophie chez Spinoza

La réflexion philosophique de Spinoza nous fait savoir ce qu'il comprend de la théologie. La théologie elle est bonne pour Spinoza, mais il dénonce l'erreur de théologie pour détruire le vrai sens de fait. C'est dans cette perspective qu'il se donne le travail d'exposer et expliquer l'Ecriture. C'est pour cette raison nous pensons à une relation non négligeable entre la théologie et la philosophie.

Spinoza s'intéressa à rédiger le *Traité théologico-politique* pour chercher à comprendre à sa manière l'Ecriture. Il déclare dans cette perspective ceci :

> « "Je m'occupe à présent, [...], à composer un traité où j'exposerai ma manière de voir sur l'Ecriture. Les motifs qui m'ont fait entreprendre ce travail sont : *primo*, les préjugés des théologiens à mes yeux les plus grands empêchements qui soit à l'étude de la philosophie ; je m'efforce donc de les rendre manifestes et d'en débarrasser l'esprit des hommes peu cultivés ; *secundo*, l'opinion qu'a de moi le vulgaire ; on ne cesse de m'accuser d'athéisme, et je suis obligé de redresser autant que je pourrai l'erreur faite à mon sujet ; *tertio*, mon désir de défendre par tous les moyens la liberté de la pensée et de parole que l'autorité trop grande

[38]Cf. H. LAUX, *Spinoza et la religion Enjeux éthiques, philosophiques et théologiques, un cours aux Facultés Jésuites*, Centre serves Paris, 2018, Mardi de 14h30 à 16h30 du 6 mars au 10 avril,

[39] Cf. P. GENDRON, «La philosophie de Spinoza, l'éthique et la vérité », *In* : *Horizons philosophiques*, Volume 5, numéro 1, automne 1994, p. 117.

laissée aux pasteurs et leur jalousie menace de supprimer dans ce pays. "De fort bonne erreur, [...]»[40].

III.5. Dieu chez Spinoza

Bien que la doctrine se définisse sur Dieu ; après une d'une démonstration de son existence Spinoza fut couramment perçu comme un auteur athée et irréligieux par ses amis[41]. Dans cette perspective il lui était réservé le sort comme pour être pour tout athée. Toutefois, tentons d'appréhender sa réflexion.

Mais il tenta audacieusement de s'opposer à cette perception comme expliquent d'ailleurs sa Lettre 30 à Oldenburg où il explique qu'une des raisons de son projet d'écrire le *Traité théologico-politique* repose sur le combat d'« l'opinion du vulgaire » qui voit en lui l'irréligieux, puis la Lettre 43 à Jacob Osten, où, pour répondre à la critique du théologien Lambert Van Velthuysen de ce même Traité une fois publié (de façon anonyme), il se défend être accusé « d'enseigner subrepticement l'athéisme par une voie détournée »[42].

III.6. Conclusion

Ce troisième chapitre de la dissertation est achevé. Nous y avons expliqué la conception de Spinoza sur la théologie et la philosophie. Nous avons d'abord donné l'impression de Spinoza à l'égard de la théologie et philosophie, ensuite la relation existante entre la connaissance théologique et philosophique.

Spinoza conçoit la philosophie comme une meilleure discipline comme beaucoup d'autres philosophes. Mais il souligne l'erreur des théologiens qui l'on accusé d'irréligieux et qui l'ont même excommunié. Il explique ses émotions dans le traité théologico-politique.

---

[40]SPINOZA, *Traité théologico-politique*, p.5. Nous sommes appelés à bien interpréter le discours religieux, car ça tranche une question importante. Il n'est pas seulement aux scientifiques de s'y conformer, mais les dignitaires d'églises, les pasteurs, prêtres, des rabbins etc. Dans cette même perspective notons que le sociolinguiste Arthur Cimwanga Badibanga nous rappelle la pensée des dignitaires d'église pour savoir vivre dans ce monde. On le sait, dans le monde on trouve le péché et les pêcheurs, mais il ne manque pas la grâce pour la réconciliation. A.CIMWANGA BADIBANGA ; Mbororo, l'invention d'une nation, Édition Universitaires Européenne, 2017, p.37. Et quand on est prêt pour la réconciliation que les parties qui ont péché se lavent dans un seul bassin leurs mains pour la purification. *Ibid.* ., p .38.Il faut la présence de dialogue sincère pour la cohabitation pacifique. RADIO OKAPI; BUNGISHABAKU KATHO, interview à l'émission Okapi Service (Ville de Bunia) de J.KASHAMA à une question personnelle, Bunia 09 Décembre 2021 à 12:09.Et d'ailleurs, nous pouvons constater avec le Révérend Martin Luther King pour l'ensemble des problèmes sociaux pense qu'il faut éviter de prendre la violence comme option de résolution. C'est dans cette perspective que les ituriens (Habitants de la province de l'Ituri en RDC) ont déploré la destruction des ressources relatives à l'homme, l'immensité des hostilités, les crimes réalisés par les Rwandais et ougandais. Qui ont aussi engagé deux tribus de la province de la Tshopo en RDC en conflit, il s'agit de : *Topoké* et *Lokélé*. Ces deux communautés cohabitaient pacifiquement. C. MANGUBU LOTIKA, « Avant-propos», Réseaux identitaires et convivialité dans la Grande Province Orientale, Éditions Mwangaza, Kisangani, janvier 2018, p.8.

[41] S.A., *Biographie* de Spinoza, disponible sur https://fr.wikipedia.org/wiki/Baruch_Spinoza , Consulté Dimanche 23 janvier 2022 à 09 :51

[42] *Ibid.*

Conclusion de la première partie

Cette première partie de notre travail était consacrée pour interpréter la philosophie et la théologie à travers la lecture de Hegel, Feuerbach et Spinoza. Nous avons approfondi trois chapitres. Dans le chapitre qui est le premier de la première partie et de toute notre dissertation, nous avons tenté interpréter la théologie et la philosophie dans l'approche hégélienne. Nous avons d'abord donné la conception hégélienne de théologie, ensuite il en est suivi le tour de la philosophie, nous avons établi la relation entre la science théologique et la connaissance philosophique dans le système hégélien enfin l'idée de Dieu Chez Hegel.

Le deuxième chapitre était pour la connaissance de théologie et philosophie chez Feuerbach. Nous avons donné l'interprétation de la théologie chez Feuerbach, la théologie dans la réflexion feuerbachienne, la relation entre la théologie et philosophie chez Feuerbach enfin la représentation de Dieu pour Feuerbach.

Le troisième chapitre qui a clôturé notre première partie a été pour les tentatives d'interprétation de la théologie et philosophie chez Spinoza. Nous avons expliqué la théologie chez Spinoza, la philosophie dans l'approche de Spinoza, la relation qui existe entre la théologie et philosophie dans l'approche de Spinoza enfin l'interprétation de Dieu chez Spinoza.

SECONDE PARTIE
LA METATHEOLOGIE

Introduction de la seconde partie

La seconde partie de notre travail, parle de la métathéologie et comprend deux chapitres. Le quatrième chapitre traite sur la généralité de la métathéologie. Nous tentons de faire comprendre le sens de la métathéologie. Ensuite nous faisons une analyse afin de déterminer la différence avec la théologie.

Le dernier chapitre est pour les tentatives relatives à l'interprétation du rôle régulateur de la théologie. Nous procédons dans ce chapitre par la présentation des limites théologiques. Ensuite nous donnons ce qui est d'essentiel sur l'apport de la méthathéologie dans la connaissance scientifique et pour le progrès de la science.

Chapitre quatrième
GENERALITE SUR LA METATHEOLOGIE

IV.I. Introduction

Dans ce quatrième chapitre nous parlons de généralité sur la métathéologie. Nous procédons par présenter la définition de ce concept de métathéologie, la différence qui existe entre la théologie et la métathéologie pour optimaliser le discours sur le Transcendant.

IV.2. Définition de concept métathéologie

Nous voulons tous simplement par ce concept de métathéologie mettre en évidence le principe d'interdisciplinarité, extradisciplinarité et de multidisciplinarité. Nous avons dans cette perspective :

1. *Metha*: relativement à ce qui est transcendant, métaphysique.

1. *Theos* ; relatif à Dieu

3. *Logos*: un discours, science ou étude.

Nous avons dans cette perspective la définition simple de la métathéologie comme étude, discours, ou science pour l'intervention métaphysique de Dieu. Si l'interprétation des différents verbes sur Dieu, dieu et dieux peut s'arrêter au non transcendant, alors on s'égare dans cette perspective. Le discours sur Dieu nécessite un parler également métaphysique car Dieu n'est pas homme, il est Esprit et il vit comme Esprit. Il en est de même avec les morts, eux ils vivent en esprits comme Dieu.

Il ne s'agit pas de simple théorie, mais une réflexion scientifique, pour rationaliser le discours sur Dieu. Une telle discipline scientifique serait pour renforcer la connaissance de Dieu dans plusieurs disciplines. Que celle-ci soit : en théologie, ontologie ou théodicée.

Mais il n'est pas question dans cette dissertation à opposer ou égaliser la philosophie de la théologie, car aucun scientifique digne de sa profession ne pourrait accepter de réduire la philosophie qui est la cause première même de toutes les disciplines scientifiques.

Détruire la cause première et le premier principe c'est détruire la chose même, or la métaphysique qui est la principale discipline de philosophie est la cause première et premier principe de toutes les disciplines scientifiques, or la théologie est une discipline scientifique, donc détruire la métaphysique une discipline philosophique est détruite la théologie. Il en est de même avec d'autres disciplines scientifiques.

IV.3. Différence entre théologie et métathéologie

La métathéologie ne vient pas réduire le travail de la théologie, mais vient pour contribuer à l'essor de la connaissance théorique. Si nous pouvons nous limiter à une étude simple de Dieu dans une réflexion perceptive, donc on s'égare en réalité. Car Dieu n'est pas perceptible par nos sens.

Il n'est pas sensible c'est-à-dire on ne peut non plus le percevoir par nos cinq sens. Ainsi il est inadmissible d'utiliser les cinq organes de nos sens pour percevoir le transcendant : les yeux, le nez, la langue, la peau et les oreilles sont insuffisante pour comprendre le Transcendant. C'est dans cette perspective que la raison humaine sans transcender le sensible ou sans entrer dans une réflexion métaphysique reste également limitée.

La question de liberté pour l'étude de discours sur Dieu est aussi ce que la métathéologie vient faire. Il ne s'agit pas de nier la connaissance théologique mais de la renforcer. Nous parlons ici de théologie dans le sens général, car il ne manque pas des raisons non fondées de certains qui pensent défendre la théologie pour leurs intérêts particularistes. Ce n'est pas tellement mal mais peut aussi en devenir.

IV.4. Conclusion

Ce quatrième chapitre est achevé. Nous avons expliqué la métathéologie de manière générale. Nous avons procédé par donner une définition à cette métaconnaissance ensuite nous avons présenté la différence entre la métatheologie et la théologie.

La métatheologique n'est qu'un accomplissement de connaissance déjà initiée par d'autres philosophes, néanmoins nous voulons la renforcer pas seulement dans la création des concepts mais de la nouvelle réflexion. Elle vient au secours théologique.

Chapitre cinquième
LE ROLE REGULATEUR DE LA METATHEOLOGIE

V.1. Introduction

Dans ce chapitre qui est le dernier de notre dissertation nous voulons tous simplement parler de rôle non négligeable de la métathéologie dans le parler sur Dieu. Nous exposons les limites théologiques et l'apport de la rationalité métathéologie.

V.2. Limites théologiques

Le « Connais-toi toi-même » est donc à cela qu'invite Feuerbach dans *l'Essence du christianisme,* fort des réflexions des *Pensées sur la mort et l'immortalité.* Car nous n'avons pas pleine conscience. Ce qu'entend expliquer Feuerbach, c'est l'essence authentique de la religion, c'est-à-dire son fond anthropologique, puis son être non authentique qui est relatif à la théologie. Ces deux points décrivent *l'Essence du christianisme*[43].

Sa réflexion générale consiste à montrer la vérité anthropologique de la conscience de la religion et de quelle manière l'être humain vient en poser hors de lui-même, dans un être métaphysique, ses propres déterminations. Il ne s'agit pas dans l'approche feuerbachienne de critiquer en soi la conscience religieuse puisque cette dernière est inhérente pour l'être humain[44].

En faisant la différence avec l'animal, l'homme a une religion parce qu'il possède une conscience de son genre, c'est-à-dire du genre humain auquel il en est espèce. Le but de Feuerbach est alors de présenter le fond véridique de conscience de la religion, à savoir l'être humain lui-même, de montrer que ce qui est divin en l'homme n'exige pas d'être recherché dans un être métaphysique. Bref, il faut expliquer la vérité anthropologique de la religion. D'abord, il existe ce qui est de l'ordre du fait, le fait religieux ; aussi nous avons la croyance en Dieu qui est une utopie. Cette vérité anthropologique, c'est ce que nie la théologie, y compris dans son versant spéculatif[45].

La différence intentionnelle est le fait volontaire de la théologie qui, une fois arrivée à un certain degré du savoir de la conscience religieuse, nie paradoxalement tout caractère de l'homme à Dieu pour n'en faire qu'un être rationnel ou un absolu. C'est la vérité expliquée de la religion et c'est ce que refuse la théologie. Dans cette perspective, le croyant ne reconnaît pas l'être humain ni moins encore l'essence de l'homme dans le Dieu qu'il prie. Hors, c'est en

---

[43]Cf. A., DURAND, « Ludwig Feuerbach : la religion de l'Homme(2008) », disponible sur https://journals.openedition.org/trajectoires/213 Consulté Samedi 22 Janvier 2022 à 13:32

[44] *Ibid.*

[45] *Ibid.*

expliquant cette identité par la philosophie et en ne la laissant pas être encore déterminer par la théologie que Feuerbach entend créer une anthropologie[46]. Néanmoins nous pensons qu'il ne s'agit pas de créer une anthropologie mais de faire une nouvelle connaissance dans la métascience qui est la métathéologie dans notre dissertation.

V.3. L'apport de la métathéologie

L'apport non négligeable de la rationalité métathéologique réside dans la perspective où la compréhension ou les compréhensions sur Dieu deviendra explicite en philosophie qu'en théologie. Bien souvent le discours sur Dieu tourne dans la réflexion philosophique qui est suivant critique et autocritique, avec l'influence des courants athéistes, panthéiste, paganistes ou néopaganiste. Et la théologie réduit souvent le champ d'application de Dieu, et le discours semble souvent être dogmatique, au service des communautés religieuses, car une discipline scientifique doit être pour servir la société sans tenir compte de race, religion, ethnie, rang social etc.

C'est dans le souci d'aider la société pour facilement comprendre la liberté, dans les écrits religieux, laissés aux pasteurs, prêtres, rabbins,... que l'apport de la métathéologie est non contingent mais nécessaire. A quoi servent les textes s'ils ne sont pas bien interpréter. Que deviendrait l'interprétation de: Bible samaritaine avec 5 livres, la Bible syriaque avec 61 livres, Bible protestante avec 66 livres, Bible catholique avec 73 livre, Darby avec 66 livres, hébraïque avec 39 livres etc.

Les explications que ne nous donne pas l'Écriture devront trouver leurs compréhensions dans des divers récits, comme celles des choses innées sont tirées des diverses actions de la nature. C'est la cohérence du texte qui est important, comme le présente le parallèle entre *scriptura et natura.* Dans cette perspective avec Spinoza, le «signe» fait système avec les autres «choses» de l'Écriture, comme celle-ci forme elle-même un tout (comme la nature). [47]

Maintien de signe, comme doit le faire celui qui prend en considération l'Écriture en «historien», c'est, comme le dit Spinoza, s'occuper de la signification des textes et non de leur vérité; c'est ne pas faire la confusion de sens d'un discours *verum sensum* avec la vérité des choses *rerum veritate*[48].

[46]Cf. A., DURAND, « Ludwig Feuerbach : la religion de l'Homme(2008) », disponible sur https://journals.openedition.org/trajectoires/213 Consulté Samedi 22 Janvier 2022 à 13:32

[47] Cf. P. GENDRON, «La philosophie de Spinoza, l'éthique et la vérité » ,p .124.

[48] *Ibid.*

A condition de toujours se situer *dans l'Écriture,* pense Spinoza, bien que le sens littéral soit en contradiction avec la lumière naturelle, s'il ne s'oppose pas nettement aux règles et aux données fondamentales tirées de l'histoire critique de l'Écriture, il faut le considéré; au contraire, si ces verbes se trouvaient par leur interprétation littérale entrés en contradiction aux principes tirés de l'Écriture, il faudrait dans cette perspective accepter autre herméneutique[49]. Dans cette perspective, la métathéologie jouerait un rôle régulateur.

V.5. Conclusion

Dans ce chapitre qui est le dernier de notre dissertation, les réponses relatives aux réflexions du rôle de la métathéologie ont été données. Comme métasavoir nous avons différencié cette discipline de la théologie, en montrant dans cette perspective les limites théologiques et l'apport de la métathéologie.

La métathéologie ne vient ni remplacer la théologie ou la métaphysique. Mais elle vient au secours de ces disciplines, d'ailleurs prôné par l'interdisciplinarité.

[49]Cf. P. GENDRON, «La philosophie de Spinoza, l'éthique et la vérité », p .124.

Conclusion de la seconde partie

La seconde partie est achevée dans la perspective d'interprétation de la métathéologie considérée comme métasavoir pour interpréter le discours sur Dieu dans l'approche philosophique et théologique. Il y avait trois chapitres dans cette dernière partie.

Le premier chapitre de cette seconde partie qui est le quatrième de toute la dissertation était pour la généralité sur la métathéologie, nous avons tenté de donner la définition du concept de métathéologie et sa différence avec la science théologique.

Le dernier chapitre de cette partie qui est le dernier de notre dossier était pour mettre en évidence le rôle régulateur de la métathéologie en présentant la limite de la théologie et l'apport non négligeable que pourrait apporter la discipline de métathéologique dans le progrès scientifique.

CONCLUSION GENERALE

Cette dissertation qui portait sur la théologie et philosophie dans le parler de Dieu est terminée et non finie. Nous avions deux parties dans la dissertation, la première était pour l'interprétation de la théologie et philosophie dans la conception de Hegel, Feuerbach et Spinoza. Et la seconde était consacrée pour la notion de la métathéologie. La philosophie fait une interprétation de Dieu et dieux, mais nous devons savoir qu'il ne manque pas par fois des tendances influencées par certains philosophes athéistes, panthéistes, paganistes ou néopaganistes. Et la théologie offre une bonne interprétation de Dieu, mais elle reste souvent superficielle dans son interprétation. D'où la nécessité de la métathéologie. Nous avions cinq chapitres dans cette dissertation.

Le premier chapitre était pour l'étude de théologie et philosophie chez Hegel, nous y avons parlé de: la théologie selon Hegel, la philosophie selon Hegel, la relation existante entre théologie et philosophie chez Hegel enfin Dieu dans la pensée de Hegel. Hegel comme philosophe pense à une coexistence philosophique et théologique pour rationaliser l'exégèse des textes sacrés.

Le deuxième chapitre a exposé le parler de Dieu en théologie et philosophie chez Feuerbach. Nous avons procédé par expliquer la théologie chez Feuerbach, la philosophie feuerbachienne, la relation entre théologie et philosophie chez Feuerbach, enfin Dieu selon Feuerbach. Feuerbach reconnaît l'importance théologique et philosophique pour la connaissance de Dieu.

Le troisième chapitre était pour la notion de la théologie et philosophie chez Spinoza. Il s'est agi d'expliquer la connaissance théologique et philosophique chez le philosophe Spinoza, la relation entre la théologie et philosophie enfin la pensée de Dieu avec Spinoza. Spinoza parle contrairement aux autres des préjugés théologiques. Accusant ainsi les théologiens dès que ces derniers décidèrent de l'excommunier. Dans la même perspective il accuse les théologiens de le considérer comme l'irréligieux. D'où la nécessité d'une métaconnaissance.

Le quatrième chapitre était intitulé la metatheologie. C'est ici que nous avons donné la définition de la métathéologie et la différence qu'elle porte vis-à-vis de la théologie, d'où sa nécessité comme une métaconnaissance, métasavoir. Nous sommes appelés aujourd'hui avec l'idée de l'interdisciplinarité à accepter la coexistence scientifique. Cette considération entre dans le sens qu'aucune discipline scientifique ne peut se réclamer être suffisante.

Le dernier chapitre de notre dissertation était pour l'étude de rôle régulateur de la métathéologie. Pour la compréhension du rôle de cette métaconnaissance, nous avons d'abord présenté les limites théologiques comme ça pourrait exister dans toutes les autres disciplines scientifiques. Enfin, il a été question de donner l'apport de la métathéologie dans l'herméneutique des textes et le verbe de Dieu. Cette pensée d'une connaissance transcendantale ne vient pas pour remplacer la théologie ou la métaphysique ou encore la théodicée et l'ontologie.

Nous voulons vivier et renforcer les disciplines scientifiques pour résoudre les maux dans l'univers pensant. Dieu est transcendant, l'interprétation de son discours ou précisément sa divinité n'est pas seulement relative à la foi religieuse, mais il est aussi question de la raison, d'où apparaît l'idée de la rationalité scientifique.

BIBLIOGRAPHIE

1. Ouvrages de Hegel à lire

Science de la logique, (Trad. G. JARCZYK et P.-J. LABARRIERE), Paris, Aubier, (1972) 1981.

Encyclopédie, (Trad. B. BOURGEOIS), Paris, Vrin, 1988.

2. Ouvrage de commentateur de Hegel

AWADHIFO AYIBHO, S., Le judaïsme : point de départ du christianisme chez Hegel et Feuerbach. Evangile contre le neopaganisme, Éditions Croix du Salut, le 19 juillet 2021.

3. Articles des commentateurs de Hegel

SAOUL, P., « Amour et croix chez Hegel », *In* : *Revue philosophique de France et de l'Etranger*, Tome 188, Numéro 1, (Janvier) Mars, 1998 pp.71-96.

BRITO, E., « La mort de Dieu selon Hegel. L'interprétation d'Eberhard Jüngel » *In* : *Revue Théologique de Louvain*, 17[e]année, 3, 1986, pp.293-308.

GARY BADCOCK, D., « Hegel, le luthéranisme et la théologie contemporaine », *Klesis-Revue Philosophiques*, (Octobre 2007), pp.48-65.

MARMASSE, G., « Que prouvent, chez Hegel, les preuves de l'existence de
Dieu ? », *In* : *Les Études philosophiques*, Numéro 92, Volume 1, (2010), pp. 109-129

AWADHIFO AYIBHO, S, « Etat hégélien. Regard sur l'élément spirituel, la rationalité du droit et loi », *In* : *Revue de l'Administration publique et de Management*, Numéro Spécial, Kinshasa, 2021, pp.133-141.

4. Mémoires et TFC sur Hegel

Samuel Awadhifo Ayibho

La signification du christianisme chez Hegel, Mémoire de Licence en Philosophie, Université de Kisangani, 2019.

La dialectique de l'idée absolue chez Hegel, TFC en Philosophie, Université de Kisangani, 2017.

5. Ouvrage de Feuerbach à lire

FEUERBACH, L., *Pensées sur la mort et l'immortalité*, Paris, Cerf, (1830) 1991.

6. Article de commentateur de Feuerbach

MOTTHY, H., « La portée philosophique et théologique de la rupture de Marx avec Feuerbach », *In* : *Revue de Théologie et de Philosophie*, Troisième série, Volume 19, Numéro 2, (1969), p.65-93.

7. Article de commentateur de Feuerbach à lire

TRA VAN TOA, « La mort et le problème de Dieu dans la pensée de Ludwig Feuerbach », *In* : *Revue Philosophique de Louvain,* Quatrième série, Tome 73, numéro 18, (1975), pp. 304-361.

8. Ouvrage de commentateur de Feuerbach

AWADHIFO AYIBHO,S., Le judaïsme : point de départ du christianisme chez Hegel et Feuerbach. Evangile contre le neopaganisme, Éditions Croix du Salut, le 19 juillet 2021.

9. Ouvrage de Spinoza

SPINOZA, *Traité théologico-politique*, (Trad. C. APPHUHN), G-Flamarion, 1665.

10. Ouvrages des commentateurs de Spinoza

LAUX, H., *Imagination et religion chez Spinoza. La potentia dans l'histoire,* Paris, Vrin, 1993.

LAGREE, J., *Spinoza et le débat religieux,* Presses universitaires de l'Université de Rennes, 2004.

11. Article de commentateur de Spinoza

GENDRON, P., «La philosophie de Spinoza, l'éthique et la vérité », *In* : *Horizons philosophiques*, Volume 5, numéro 1, automne 1994, pp. 116-132.

12. Cours sur Spinoza

LAUX, H, *Spinoza et la religion Enjeux éthiques, philosophiques et théologiques, un cours aux Facultés Jésuites*, Centre serves Paris, 2018, Mardi de 14h30 à 16h30 du 6 mars au 10 avril

13. Ouvrages d'autres auteurs

CIMWANGA BADIBANGA ;A.; Mbororo, l'invention d'une nation, Édition Universitaires Européenne, 2017.

MANGUBU LOTIKA, C. « Avant-propos», Réseaux identitaires et convivialité dans la Grande Province Orientale, Éditions Mwangaza, Kisangani, janvier 2018.

14. Ouvrage d'autre auteur à lire

JÜNGEL, E. ; Dieu, mystère du monde ; (Trad. H. HOMBOUR), Paris, Cerf, 1983.

15. Interview

RADIO OKAPI; BUNGISHABAKU KATHO, interview à l'émission Okapi Service (Ville de Bunia) de J.KASHAMA à une question personnelle, Bunia 09 Décembre 2021 à 12:09.

16. **Webographie**

S.A [*Sine ano*], *La philosophie de Hegel*, disponible sur https://la-philosophie.com/philosophie-hegel. Consulté Samedi 22 Janvier 2022 à 13:15.

HOLZER, V., « Hegel et la théologie. Un dieu sans transcendance ou une « philosophie » de l'*unio mystica* ? », (2007), Disponible sur https://www.cairn.info/revue-recherches-de-science-religieuse-2007-2-page-199.htm#:~:text=%C2%AB%20Hegel%20repr%C3%A9sente%20incontestablement%20le%20projet,de%20l'appr%C3%A9hender%20comme%20Esprit. Consulté dimanche 23 janvier 2022 à 13 :20.

S.A. [*Sine ano*], *Biographie de Georg Wilhelm Friedrich Hegel*, disponible sur https://www.lisez.com/auteur/georg-wilhelm-friedrich-hegel/29801 . Consulté dimanche 23 janvier 2022 09 :54.

S.A. Biographie de LUDWIG ANDREAS FEUERBAG, disponible sur https://fr.wikipedia.org/wiki/Ludwig_Feuerbach . Consulté dimanche 23 janvier 2022 à 09 :49.

SABOT, P., « L'homme de la religion et la religion de l'Homme selon Ludwig Feuerbach », disponible sur https://journals.openedition.org/methodos/320 samedi 22 janvier 2022 à 13 :7.

S.A. Biographie de Baruch Spinoza, disponible sur https://fr.wikipedia.org/wiki/Baruch_Spinoza Consulté dimanche 23 janvier 2022 à 09 :51.

DURAND, A., « Ludwig Feuerbach : la religion de l'Homme(2008) », disponible sur https://journals.openedition.org/trajectoires/213 Consulté Samedi 22 Janvier 2022 à 13:32.

S.A., *Biographie* de Spinoza, disponible sur https://fr.wikipedia.org/wiki/Baruch_Spinoza , Consulté Dimanche 23 janvier 2022 à 09 :51.

Photo de SPINOSA, disponible sur https://www.gettyimages.fr/photos/spinoza consulté dimanche 23 janvier 2022 à 10 :01.

Photo de Feuerbach, disponible sur https://www.google.com/search?source=univ&tbm=isch&q=images+de+FEUERBACH&fir=5xfb4xJ8RudpbM%252CkjwiU4Pbt0WF8M%252C_%253BMPplj24lrEyWHM%252CX7xMHomfT8HU_M%252C_%253Bepbw06y7TAFr_M%252CgvtXqj3z-

SIQgM%252C_%253BVubJb0n7jghZeM%252CkjwiU4Pbt0WF8M%252C_%253BxqK0tq4O Yke_XM%252CXb2OCwNirEZ9kM%252C_%253BnnLPvmskPfQGHM%252CXb2OCwNirE Z9kM%252C_%253BwR1sCOFFji_DfM%252Cxm1o81L177QS3M%252C_%253BkH-Yem0e0gW2HM%252C4ybr-1_CtXbjaM%252C_%253B11pGli8mE1ussM%252CkjwiU4Pbt0WF8M%252C_%253B2eQgae gqRTVVkM%252CXb2OCwNirEZ9kM%252C_&usg=AI4_-kSMCar5-o3sf3rolts6Rqzwmqs3JQ&sa=X&ved=2ahUKEwiauZCQwMf1AhU0DmMBHde4AYgQjkEeg QIDxAC&biw=1366&bih=568&dpr=1#imgrc=VubJb0n7jghZeM consulté dimanche 23 janvier 2022 à 10 :04.

Photos de G.W.F. HEGEL, disponible sur https://www.google.com/search?q=Photos+de+Hegel&tbm=isch&source=iu&ictx=1&vet=1&fir =nQybb5Gf7GB6nM%252CGEHKUjLAfZmcSM%252C_%253B6LCguiSIZe0IbM%252CGE HKUjLAfZmcSM%252C_%253BY1ep9uJdOYQQeM%252Co31xOkEayOBavM%252C_%253 Be-bH_CAASM3V1M%252CN-hQyPd0bgb_UM%252C_%253Bf1BssLo36n1CqM%252Co31xOkEayOBavM%252C_%253B GQz-qOhi3fzTOM%252CN-hQyPd0bgb_UM%252C_%253BozGY-n7mktrW9M%252Co31xOkEayOBavM%252C_%253BxOjGV1KEONxp5M%252CayTTj0hR AfTwDM%252C_%253BpE0MtpYo0G_vvM%252CPkaLLestKWN2JM%252C_%253BXv06 QoReWFe5tM%252Ckux6AyRZ0q8fGM%252C_%253BonIJdcOJIyRKqM%252CFdVSyh5Oi UnRGM%252C_%253BscdENo--Djd1eM%252CPkaLLestKWN2JM%252C_%253BZCQKJN5kU4ji7M%252Co31xOkEayOBav M%252C_%253BYhWYWlJvnOU1xM%252CN-hQyPd0bgb_UM%252C_%253Bc4KqDSjhhVF1PM%252CbklgpMsjXM2YAM%252C_%253 BjLekQ7ArBoufVM%252CN-hQyPd0bgb_UM%252C_%253Bsk3_3kTZ5dbtnM%252Co31xOkEayOBavM%252C_%253Bvi N9WxIrZLK04M%252CPkaLLestKWN2JM%252C_%253BsZcyoFpdONrgsM%252CN-hQyPd0bgb_UM%252C_%253BGR8JtJtTmOMSGM%252CN-hQyPd0bgb_UM%252C_&usg=AI4_-kQGw1MzYX2z_mG73jhWiJa0qkPunA&sa=X&ved=2ahUKEwi8zdWiwsf1AhV0BGMBHTM _BhwQ9QF6BAgPEAE#imgrc=Xv06QoReWFe5tM consulté dimanche 23 janvier 2022 à 10 :06.

Table des matières

Printed by Books on Demand GmbH, Norderstedt / Germany